PAIDEIA
ÉDUCATION

CHRÉTIEN DE TROYES

Perceval ou le Conte du Graal

Analyse littéraire

© Paideia éducation.

22 rue Gabrielle Josserand - 93500 Pantin.

ISBN 978-2-75930-068-6

Dépôt légal : Septembre 2023

Impression Books on Demand GmbH

In de Tarpen 42

22848 Norderstedt, Allemagne

SOMMAIRE

- Biographie de Chrétien de Troyes................................ 9

- Présentation de *Perceval ou le Conte du Graal*........ 15

- Résumé du roman.. 19

- Les raisons du succès.. 29

- Les thèmes principaux... 33

- Étude du mouvement littéraire................................. 41

- Dans la même collection... 45

BIOGRAPHIE

CHRÉTIEN DE TROYES

Né, pense-t-on, vers 1335 dans la région de Troyes en Champagne-Ardenne, Chrétien de Troyes accède à la postérité comme inventeur du roman de chevalerie et du roman courtois. Pourtant, de sa vie, peu d'éléments sont connus et avérés. Nous ne savons que ce qu'il laisse percevoir de lui-même dans ses œuvres. Ainsi dédicace-t-il son roman le plus célèbre, *Le Chevalier à la charrette*, à sa « Dame de Champagne », Marie de Champagne, fille d'Aliénor d'Aquitaine et du roi de France Louis VII. À la fin de sa vie, il passe dans l'entourage de Philippe d'Alsace, riche comte de Flandre.

Il semblerait que Chrétien de Troyes ait vécu dans l'entourage des grands seigneurs. C'est sous leurs patronages qu'il compose sept romans versifiés en vers octosyllabiques (huit pieds par vers), dont six traitent du sujet mythique des aventures du roi Arthur et des chevaliers la Table ronde. Chrétien de Troyes s'est inspiré des récits colportés par les harpistes gallois et bretons de l'époque. Leurs récits versifiés appelés « lais » étaient très appréciés des cours seigneuriales de l'époque. Ce sont ces récits qui les premiers ont développé le contexte légendaire qu'on retrouve dans les romans de Chrétiens de Troyes, la plupart construits autour de la légende du roi Arthur et de la quête du Graal par ses chevaliers.

La versification suggère une œuvre créée pour être lue à haute voix, voire déclamée devant la cour seigneuriale. Elle réclame pour être appréciée une culture, une représentation du monde qui est celle de l'aristocratie féodale de l'époque. Or, cette aristocratie se cherche des valeurs, car les temps sont troublés : la seconde croisade est un échec pour le roi de France qui voit son pouvoir décliner sur les vassaux du royaume de France, tandis que les Plantagenêt, souverains d'Angleterre basés en Normandie, s'émancipent de sa tutelle. Les guerres locales font rages, les cavaliers s'affrontent et ravagent les terres des paysans. Pourtant, c'est aussi l'âge d'or du féodalisme et de la seigneurie qui font face à un roi impuissant.

De ce double visage de la noblesse, prospère et chrétienne, belliqueuse et cruelle, Chrétien de Troyes reprend les grandes aspirations. La première de ces aspirations correspond à la recherche mystique et de la foi au travers du cycle du Graal. La seconde est la volonté de canaliser la noblesse guerrière grâce à un code de conduite, celui de la chevalerie, qui tempérerait ses accès. Enfin, l'amour courtois – c'est-à-dire la codification de la vie des cours et des relations hommes-femmes de la noblesse, un ensemble de règles et de pratiques qui doivent régler les échanges amoureux –, tient une bonne place dans les romans de Chrétien de Troyes.

Pourtant, ses textes ne sont pas des récits vrais, documentaires, ou historiques : le monde qu'il décrit est un monde hors du réel. Y sévissent monstres et géants, y sont présents objets enchantés et magiciens. C'est celui d'un âge d'or tel qu'il correspond à la vision rêvée du monde par Chrétien de Troyes : pétri de codes, de lois, où en apparence outrepasser ces lois et ces codes est toujours puni – les chevaliers servent ce projet. Cette dimension atemporelle donne à l'œuvre accès à la postérité.

Cependant, ce premier aspect de l'œuvre n'est que façade car ces lois du roi, du chevalier, de l'honneur et des pratiques sociales sont remises en question par l'amour et la foi, piliers de la pensée de Chrétien de Troyes. Ces deux éléments, qui pour l'éternel personnage principal, le chevalier, sont incarnés par la femme aimée et le Graal, menacent les hiérarchies en place tout comme le bon ordre du monde. Ils confrontent le héros à l'humiliation et lui imposent l'humilité. Le chevalier, pour conquérir ou reconquérir l'être aimé, est contraint de perdre en dignité et de déchoir car, et c'est la leçon que veut donner Chrétien de Troyes, les humiliations vécues émergent au nom de l'amour. L'amour même purifie le chevalier qui de fait est un pécheur, un facteur de désordre ; il régénère l'aristocratie en lui offrant des lois, des préceptes et des principes, il donne une mission à des guerriers prêts à tout pour la renommée et l'honneur. Tout en vantant leurs prouesses et leur bravoure, Chrétien nous montre discrètement combien les missions sont vaines si elles ne sont pas mises au service d'un idéal plus élevé, celui d'une société apaisée, régénérée – le Graal est le symbole de cette régénération –, ou, à l'échelle individuelle, la conquête vertueuse de l'être aimé.

Aborder ces thématiques dans son œuvre suppose que Chrétien de Troyes ait eu un certain recul sur la noblesse de son temps. Ainsi, plusieurs suppositions ont été faites sur ses propres origines sociales. Était-il un clerc, c'est-à-dire un lettré, issu des milieux religieux de l'époque comme pourrait le laisser entendre le cycle du Graal ? Ou bien un de ces hérauts, troubadours et trouvères, qui dispensaient lors des banquets seigneuriaux des poèmes mis en musique, comme l'attesterait la forme littéraire de l'œuvre ? Ou bien encore un aristocrate de petite noblesse ? Il est impossible de le savoir car nous sommes sur la vie Chrétien de Troyes tributaires des seules informations qu'il livre dans ses romans.

Chrétien de Troyes meurt à la fin du XIIe siècle, mais nous ne connaissons pas la date précise de sa mort.

PRÉSENTATION DU ROMAN

Perceval ou le Conte du Graal est le dernier roman de Chrétien de Troyes. Sa dédicace à Philippe, comte de Flandre, permet de dater l'œuvre des environs de l'année 1180. Comme les autres romans, il s'agit d'un poème en vers octosyllabiques, composé en ancien français.

Chrétien de Troyes, comme pour ses autres romans, s'est inspiré des « lais » et récits gallois. Cette inspiration est ici manifeste : Perceval est en effet élevé par sa mère dans le Pays de Galle.

On retrouve dans le roman les grandes thématiques propres à Chrétien de Troyes : l'amour courtois autour de la relation entre Perceval et Blanchefleur, ou encore le roman initiatique autour du récit de la transformation du Perceval « enfant sauvage » en Perceval chevalier, c'est-à-dire dépositaire d'un ensemble de règles qui limitent et canalisent ses actions. Enfin, le dernier thème de l'œuvre est celui du Saint Graal. C'est en effet dans *Perceval ou le Conte du Graal* qu'apparaît pour la première fois l'image de cet objet sacré, symbole de renaissance, issue des mythologies gaéliques et celtiques mais qui ici est christianisé.

Même si le récit est inachevé et relativement cours – il compte seulement neuf mille vers –, il est amené à jouer un grand rôle dans la littérature chevaleresque du Moyen Âge. On compte au moins cinq continuations directes de l'œuvre de Chrétien de Troyes dont celle de Gerbert de Montreuil, inconnu par ailleurs, qui raconte l'avènement de Perceval comme roi du Graal. Le récit de Perceval fut connu de toute l'Europe. Il inspira notamment en Allemagne le *Parzifal* de Wolfram von Eschenbach écrit au XIIIe siècle, chef-d'œuvre de la littérature allemande médiévale.

Dans le roman de Chrétien de Troyes, la quête du Graal se confond avec la propre quête intérieure de Perceval, personnage complexe et peut-être le plus individualisé des personnages de l'auteur. C'est ce personnage toujours en quête de quelque chose, que ce soit le Graal, l'amour de sa dame, ou encore son salut, qui est entré dans la postérité. Il inspire en effet directement l'opéra *Parzifal* de Richard Wagner composé en 1882, ou encore le film d'Éric Rohmer *Perceval le Gallois* (dont le rôle principal est interprété par Fabrice Luchini) sorti en 1978

RÉSUMÉ DU ROMAN

La rencontre avec des chevaliers et le départ

Perceval, élevé seul par sa mère au Pays de Galles, rencontre des chevaliers. Impressionné par eux, il décide de se rendre à la cour du roi Arthur, là où, lui a-t-on dit, on peut être fait chevalier. Sa mère lui demande de respecter trois préceptes : servir et secourir les dames et les demoiselles, fréquenter des prudhommes, prier Dieu. À son départ, sa mère s'évanouit mais l'insouciant Perceval continue sa route.

Rencontre d'une jeune fille et mauvais agissements de Perceval

Perceval rencontre une jeune fille seule. Il applique à la lettre le commandement de sa mère et ce faisant agit sans le savoir très mal puisqu'il vole un baiser à la jeune fille, son anneau qui lui a été offert par son ami de cœur tandis que la jeune fille pleure et se lamente.

Arrivé à la cour du Roi Arthur

Perceval est reçu à la cour du roi Arthur mais le roi remet à plus tard son adoubement. Sur les conseils du sénéchal Kè ou Keu qui se moque de lui, Perceval demande au chevalier vermeil de lui donner ses armes. Le chevalier s'emporte mais, contre toute attente, Perceval parvient à le vaincre et à s'emparer de ses armes. Il se rappelle alors sa mère et prend le chemin du retour.

Perceval est fait chevalier

Sur la route du retour, Perceval est accueilli chez le chevalier Gorneman de Gorhaut. Celui-ci voyant l'innocence de

Perceval – marquée par le fait qu'il se réfère sans cesse aux avis de sa mère – et sa bravoure, lui apprend à se battre avec les armes des chevaliers et l'adoube. À nouveau, Perceval est enjoint à respecter des règles : ne jamais tuer un adversaire qui demande grâce, ne pas trop parler – qui parle trop fait un péché –, secourir tous ceux qui sont dans la détresse et enfin prier Dieu.

Le château de Beaurepaire

Perceval applique ces règles en défendant le château de Beaurepaire et sa dame Blanchefleur contre Anguingueron, le sénéchal du roi Clamadeu. Après avoir passé la nuit avec Blanchefleur, Perceval les vainc tous deux en combats singuliers et, leur laissant la vie sauve, il les envoie se faire prisonniers à la cour du roi Arthur. Celui-ci les accueille au contraire en hôtes et leur offre même une place à son conseil et dans sa cour. Perceval continue sa route vers sa mère.

Rencontre avec le roi pêcheur

Sur sa route, Perceval est hébergé par le roi pêcheur. Il assiste dans la cour de celui-ci à une étrange procession : on amène le Graal et l'épée qui saigne. Suivant les règles enseignées par Gorneman, il ne pose pas de questions, mais au matin le château est vide.

Perceval apprend la mort de sa mère

Une jeune fille éplorée par la mort de son amant raconte à Perceval l'histoire du roi pêcheur. Apprenant que Perceval n'a pas posé de questions, elle le lui reproche durement. Elle lui apprend aussi que sa mère est morte. Perceval, affligé, donne son nom à la jeune fille. C'est la première fois dans le récit qu'il est donné. Ne pouvant donc retourner chez lui, Perceval reste sur la route.

Combat de Perceval et de l'Orgueilleux de la Lande

Perceval croise de nouveau la jeune fille dont il avait, avec innocence, volé l'anneau. Celle-ci a été punie par son « ami » jaloux, l'Orgueilleux de la Lande. Celui-ci paraît et Perceval le vainc. Après lui avoir demandé de réparer les dommages subis par la jeune fille, il lui demande de se constituer prisonnier à la cour du roi Arthur. Ce dernier accepte encore une fois le vaincu à sa cour et le traite en preux chevalier. Gauvain interroge Arthur sur Perceval. Le roi lui en vante les mérites.

Retrouvailles entre la cour du roi Arthur et Perceval, épisode de la contemplation du sang sur la neige

Le roi Arthur décide d'aller retrouver Perceval avec sa cour. Il trouve celui-ci en pleine contemplation de taches de sang sur la neige. En effet, ces taches lui rappellent le visage de sa dame, Blanchefleur « blanc sur vermeil ». Les chevaliers Sagrenon et Kè l'abordent et, se sentant méprisés par l'attitude passive de Perceval, cherchent chacun à leur tour le combat. Perceval les défait. Gauvain aborde alors Perceval courtoisement avec plus de succès. Perceval entre à la cour du roi Arthur.

Perceval jure de se mettre à la recherche du Graal

Alors que la fête bat son plein, une jeune fille monstrueuse paraît : elle accuse Perceval de n'avoir pas parlé au roi pêcheur du Graal et l'accuse de tous les maux futurs. Perceval jure de savoir quel « homme se nourrit du Graal », « quelle est cette lance qui saigne ». Parallèlement, Gauvain, neveu du roi, décide de se lancer sur les traces de cette annonciatrice de mauvais augure après qu'il a appris qu'elle vivait au château Orgueilleux où une belle jeune fille est retenue prisonnière. Mais il en est empêché car le fils d'un chevalier qui a été tué, Guimgabrésil, l'accuse du meurtre et lui demande réparation : il doit se rendre au royaume du chevalier vaincu, Escavalon, dans les quarante jours.

Les aventures de Gauvain

On laisse Perceval pour suivre Gauvain qui se rend au royaume d'Escavalon. Sur le chemin, Gauvain, qui refuse de participer à un tournoi, est traité de « récréant » : la fille d'un chevalier l'accuse d'être un faux chevalier. Sur la demande de sa sœur, « la demoiselle au manche petite », il l'emporte sur le prétendant de la sœur aînée. Il jure fidélité à la demoiselle au manche petite.

Gauvain arrive à Escavalon

Sans le savoir, Gauvain arrive à Escavalon où il est accueilli. Il tombe amoureux de la sœur de son ennemi Guimgabrésil. On assiste à une description des bourgeois qui insultent la dame de Gauvain et tentent de prendre la tour où il se trouve. Mais, comme il a été l'hôte du château, on ne peut finalement l'attaquer sans déshonorer le roi d'Escavalon. Gauvain dispose d'un délai. Il décide d'aller chercher la lance qui saigne et de la ramener au roi. Retour à Perceval.

Perceval délaisse la religion et se consacre exclusivement à la chevalerie

Le récit reprend cinq ans plus tard : Perceval est devenu un chevalier accompli mais ne s'est pas lancé dans la quête du Graal.

L'épisode de la forêt et de l'ermite, repentir de Perceval

La vue de pèlerins un vendredi saint rappelle à Perceval ses devoirs de chrétien. Perceval est en plein désarroi : il se rend chez un ermite pour faire acte de repentir et de pénitence. L'ermite lui en apprend davantage sur sa famille : Perceval est cousin du roi pêcheur, neveu de l'ermite et du père du roi pêcheur, qui ne survit que grâce au Graal dans une chambre secrète du château. L'ermite lui dit que le Graal est l'hostie dont le roi pêcheur se nourrit. Parallèlement, l'ermite fait entrevoir à Perceval sa culpabilité d'avoir abandonné sa mère et donc indirectement de l'avoir tuée et lui fait faire pénitence pendant deux jours. Rappel de règles énoncées plus haut.

Retour à Gauvain : la trahison de Grégoras

Sur son chemin, Gauvain rencontre une pucelle et son chevalier. Celui-ci est blessé, Gauvain le soigne. Une fois rétabli, le chevalier annonce être Grégoras, un chevalier que Gauvain a déjà vaincu pour avoir violé une pucelle. Pour se venger, Grégoras vole le cheval de Gauvain.

Rencontre avec l'Orgueilleuse de Logre

Gauvain rencontre une jeune fille qui lui lance un défi.

Gauvain l'accepte mais la jeune fille décide de le suivre pour se moquer de lui. Gauvain rencontre le neveu de Grégoras chargé de le tuer. Il l'emporte mais la jeune fille a disparu.

Le château des Reines

Gauvain rompt l'enchantement qui retenait les dames du château des Reines où sont présentes la mère d'Arthur et la mère de Gauvain. Il refuse de leur décliner son identité.

Le gué périlleux

Gauvain rencontre de nouveau l'Orgueilleuse de Logre en compagnie d'un chevalier. Elle le met au défi de franchir le gué. Gauvain vainc l'autre chevalier et passe le gué.

Les amours entrecroisées

Gauvain croise son ennemi Guimgabrésil, qui garde son nom secret. Gauvain ne le reconnaît pas. Guimgabrésil lui avoue aimer la propre sœur de Gauvain et lui confie le soin de lui amener un anneau. Gauvain qui est lui aussi amoureux de la sœur de son ennemi lui donne son identité. Un duel est prévu à la cour du roi Arthur. Par ailleurs, Gauvain apprend de Guimgabrésil que la jeune fille aux défis est l'Orgueilleuse de Logre et que Guimgabrésil autrefois amoureux d'elle a tué l'amant de la jeune fille par dépit. Sur le chemin pour rejoindre sa sœur, il croise l'Orgueilleuse de Logre qui lui demande pardon et lui explique que c'est par désespoir et parce qu'elle recherche la mort qu'elle provoque les chevaliers qu'elle croise. Gauvain la mène au château des Reines. Au château, Gauvain retrouve sa sœur et lui donne l'anneau. Celle-ci avoue aimer Guimgabrésil.

Gauvain envoie une missive au roi Arthur pour qu'il organise le duel. Le récit s'achève ainsi sur les craintes d'Arthur pour son neveu.

Note sur les continuations de Perceval

L'œuvre s'achève ici. Contrairement aux suites de *Lancelot, le chevalier à la charrette*, les suites de *Perceval* n'ont pas été écrites à la demande l'auteur puisque celui-ci meurt avant d'avoir pu achever le *Perceval* original. Les versions postérieures sont donc de diverses natures, plus ou moins liées à la quête du Graal.

Le manuscrit de Mons, anonyme, et le texte de Gerbert de Montreuil racontent ainsi comment Perceval, après de nombreuses aventures qui éprouvent sa foi, est devenu humble. Il ose alors demander au roi pêcheur, son cousin, ce qu'est le Graal. On lui répond. Le roi pêcheur lui apprend comment protéger le Graal. Perceval devient ainsi le nouveau gardien du Graal, le « roi du Graal » et se marie à Blanchefleur. À la mort de celle-ci, il finit sa vie en ermite, veillant toujours sur la lance qui saigne et le Graal.

LES RAISONS
DU SUCCÈS

Le roman de Chrétien de Troyes s'inscrit parfaitement dans la filiation des épopées – ou « lais » – des harpistes gallois ou bretons. Il en reprend le contexte général, la cour du roi Arthur, mais aussi les principaux personnages : Arthur, le bon roi, l'austère sénéchal Ké, Gauvain le preux chevalier qui est aussi le neveu du roi, Genièvre la reine exemplaire mais versatile et enfin Perceval, le chevalier de la quête du Graal.

Roman d'initiation autant que roman d'amour courtois, *Perceval ou le Conte du Graal* est une œuvre de référence dès le Moyen Âge, inspirant les écrivains français et allemands. Mais c'est surtout le personnage de Perceval, être sans cesse en devenir, secrètement tiraillé par la culpabilité d'avoir tué sa mère en la quittant, chevalier mystique dont la quête du Graal se confond avec la quête d'un « soi » que le Moyen Âge ignore ou ne conçoit que par rapport à Dieu, qui a profondément marqué.

LES THÈMES PRINCIPAUX

Le roman d'initiation : devenir par la règle

Le premier thème de *Perceval* est celui du « devenir ». Au début du récit, Perceval n'est caractérisé que par une innocence naïve. Aux chevaliers qu'il croise, il demande : « Êtes-vous Dieu ? / – Non, certes / Alors, qui êtes-vous donc / Un chevalier / Chevalier ? Je ne connais personne ainsi nommé. » Perceval apparaît donc tout d'abord comme un personnage semi-comique, se référant sans cesse pour agir à des règles qu'il comprend mal ou qu'il ne connaît pas.

Le récit de Chrétien de Troyes peut se lire ainsi comme l'éducation progressive de Perceval. D'enfant sauvage qui confond un chevalier avec Dieu, il accède au statut de jeune homme grâce aux conseils de sa mère : servir et secourir les dames et les demoiselles, fréquenter des « prudhommes » – c'est-à-dire des nobles –, prier Dieu.

La valeur de Perceval est grande, il vainc comme par inadvertance le chevalier vermeil. Mais, nous dit Chrétien de Troyes, cette valeur n'est rien en soit : elle est celle de l'innocence, innocence manipulée d'ailleurs par le sénéchal Kè dans l'épisode du chevalier vermeil. L'éducation maternelle ne suffit donc pas, comme l'atteste cet épisode ou encore l'épisode de la jeune fille seule croisée par Perceval : appliquant à la lettre les règles édictées par sa mère, il pense la secourir en l'embrassant, ne lui nuire en rien en lui volant son anneau, preuve de sa fidélité à son ami.

La seconde étape de l'éducation de Perceval se déroule au cours de la rencontre du vieux chevalier qui lui transmet les règles de la chevalerie. Mais, là encore, on est marqué par l'insuffisance de cette éducation : bien que jurant de chercher le Graal, Perceval se contente cinq années durant de vivre la vie du parfait chevalier en oubliant le Graal, tandis que lors de sa première rencontre avec le roi pêcheur il n'ose poser aucune question, respectant ainsi les règles du vieux chevalier. La règle est ici insuffisante car elle régit seulement des hiérarchies sociales et des usages.

Finalement, la dernière étape de son éducation est représentée par le vieil ermite qui fait la synthèse des règles précédentes mais aussi les adapte à Perceval en tant qu'individu : ainsi est expliqué à Perceval sa culpabilité sur la mort de sa mère qu'il a abandonnée. C'est par cette triple éducation – familiale (sa mère), sociale (le chevalier), religieuse et individuelle (l'ermite) –, que Perceval devient un personnage complet, libre de se lancer dans la quête du Graal. Même si cette quête reste inachevée, Chrétien de Troyes mourant avant d'avoir pu finir son récit, l'initiation de Perceval est accomplie.

Un monde double : le roman de la dichotomie

Plus précisément, le ressort littéraire utilisé par Chrétien de Troyes pour étayer son propos est celui de la dichotomie, c'est-à-dire l'opposition des deux aspects d'une même chose : le monde de Perceval est ainsi double, la dichotomie y est omniprésente.

Ainsi, Perceval est au début du récit à la fois innocent et cruel : ce n'est qu'en voulant obéir aux règles qu'il provoque la jalousie de l'Orgueilleux de la Lande. Il est ainsi de bonne volonté mais, ignorant des règles sociales, il reste condamné à faire le mal, comme faire mourir sa mère de chagrin ou tuer le chevalier vermeil. À l'inverse, à la fin du récit, il est un chevalier accompli mais un chrétien peu pratiquant, « complet » socialement mais incomplet spirituellement. La seule vue de pèlerins le plonge dans le désarroi. Finalement c'est l'ermite – et on retrouve ici la place traditionnelle attribuée par Chrétien de Troyes à la religion –, canalisant et harmonisant le monde, qui, en lui donnant les clefs de ses origines, permet au héros de revenir sur la mort de sa mère et de dépasser sa culpabilité par la pénitence. C'est seulement après cette éducation spirituelle que Perceval peut véritablement se lancer dans la quête du Graal.

Les exemples de dichotomies sont très nombreux dans le roman : l'Orgueilleuse de Logre est aussi une jeune fille désespérée d'avoir perdu son ami ; le Graal lui-même peut porter malheur, comme le montrent l'épisode du retour de Perceval à la cour du roi Arthur et les présages lancés par la jeune fille monstrueuse.

La dichotomie principale est pourtant celle qui précisément scinde le récit en deux : c'est l'opposition existant entre Perceval et Gauvain. Chrétien de Troyes ne tente pas de savoir lequel est meilleur chevalier que l'autre : les deux sont braves, courageux et respectent les règles de la chevalerie. Cependant, l'auteur semble donner un avis plus personnel et fondamental sur les deux personnages : Perceval est un chevalier qui doute, qui ignore, qui cherche ; Gauvain est neveu du roi, les règles lui sont dès le départ admises et il se contente de les respecter, certes avec bravoure mais sans leur associer de but spirituel. Ce faisant, Gauvain est toujours condamné à entrer dans des intrigues qui d'une situation simple – l'amour qu'il éprouve pour la sœur de Guimgabrésil, les défis répétés de l'Orgueilleuse de Logre – créent une situation où le recours à la violence est obligatoire. Car, et c'est la faiblesse de Gauvain par rapport à un Perceval ou encore un Lancelot, Gauvain est incapable d'échapper aux règles chevaleresques. Alors que son amour pour la sœur de son ennemi et l'amour de ce dernier pour la propre sœur de Gauvain pourrait signifier la paix entre les deux hommes, le respect de la règle impose à Gauvain un duel quasiment fratricide et vain.

Ainsi, sans intériorisation de la règle, c'est-à-dire sans recours au spirituel et donc au soi, le chevalier n'est que le pantin, l'exécutant aveugle d'une règle que les circonstances imposent d'interpréter pour qu'elle ne soit pas à son tour facteur de désordre. On comprend mieux l'inquiétude du roi Arthur pour son neveu. En effet, selon Chrétien de Troyes, ce qui compte en définitive est l'harmonie, la paix entre les chevaliers : ainsi le roi Arthur accueille-t-il toujours avec bienveillance les chevaliers que Lancelot a vaincu et les prend dans son entourage. Le combat et son issue n'ont pas ici pour but l'élimination de l'adversaire qui représenterait le mal, ils sont plutôt le moyen de départager deux individus également nobles et donc tout deux dignes de respect.

Le conte du Graal : d'un mythe païen au roman mystique chrétien

Le dernier thème de l'œuvre est évidement celui du Graal et de la lance d'où le sang coule, et plus généralement celui du roi pêcheur ou « roi du Graal ».

Les images sont ici païennes. Elles font écho à tout un bestiaire, une imagerie du fantastique médiéval avec ses monstres – la jeune fille aux mauvais présages – et ses enchantements – le château des Reines avec les traits lancés de nulle part. Le Graal n'est pas ici le dépositaire du sang du Christ et la lance n'est pas encore – mais elle le sera chez les continuateurs de Chrétien de Troyes – celle qui a tué le Christ. Ils sont tout d'abord dans les récits des objets enchantés, merveilleux certes, mais non point sacrés. Leurs pouvoirs sont avant tout soit spectaculaires, pour la lance, soit nourriciers, pour le Graal.

En revanche, Chrétien de Troyes christianise ces objets par la mise en scène qu'ils subissent : ils sont exhibés avec solennité, dans le cadre d'une procession, et font l'objet d'un partage. La mention de l'hostie – dans l'épisode du récit de l'ermite

– les place un peu plus dans un contexte religieux chrétien. Néanmoins, il faut attendre les continuateurs de Chrétien de Troyes pour que le Graal devienne le « Saint Graal » et la lance « la Sainte lance ». Ces objets ont avant tout une valeur symbolique : par les mystères qui les entourent, par leurs ambivalences – objets nourriciers et en même temps destructeurs –, ils sont l'image même de la quête, quête des origines pour Perceval mais aussi plus généralement quête religieuse, mystique et chrétienne.

ÉTUDE DU MOUVEMENT LITTÉRAIRE

La littérature courtoise dans laquelle s'inscrivent totalement les romans de Chrétien de Troyes trouve son origine poétique dans la poésie lyrique des troubadours aux XIe et XIIe siècle. À ce titre, le plus ancien troubadour que nous connaissons est le dénommé Guillaume IX de Poitiers (1071-1127) qui est comte du Poitou et duc d'Aquitaine. Les troubadours (de langue d'Oc) et les trouvères (de langue d'Oïl) sont des poètes et musiciens médiévaux qui font l'éloge de l'amour courtois.

Ensuite, les premiers romans courtois apparaissent, se divisant en deux grandes catégories : les romans « antiques » et les romans « bretons ». Les romans « antiques » tels que *Le Roman d'Alexandre*, *Le Roman de Thèbes*, ou encore *Le Roman de Troie*, s'inspirent de faits historiques antiques, dans lesquels les femmes jouent un rôle primordial. Les romans « bretons », comme les romans de Chrétien de Troyes, sont dominés par la figure emblématique du roi Arthur ainsi que par les chevaliers de la Table Ronde qui accomplissent sans cesse de nouveaux exploits et se déroulent en « Bretagne » (qui n'est pas la Bretagne d'aujourd'hui). Les personnages de la littérature courtoise évoluent bien souvent dans un monde merveilleux de type féerique où des êtres surnaturels ou magiques font leur apparition (des fées, des nains, des géants, des dragons, des magiciens, etc.).

Ce genre littéraire s'inspire idéologiquement de la tradition latine, notamment du poète Ovide et de son œuvre *L'Art d'aimer* qui se présente comme une initiation à l'art d'aimer et de séduire les femmes. Aussi, cet idéal d'amour est peut-être influencé par le culte voué à la Vierge Marie. Les romans courtois s'inspirent également de sources d'ordre folklorique, dans le sens où les poètes piochent leurs éléments dans un fond culturel commun, ce qu'on nomme un *topos*.

Jusqu'alors, le chevalier combattait au service de Dieu,

de son seigneur ou de son pays (comme c'est le cas dans les chansons de geste), mais la littérature courtoise révolutionne considérablement cette conception en ajoutant à l'idéal chevaleresque un idéal amoureux désigné par l'expression « fin'amor » signifiant « amour parfait ». Le chevalier doit se surpasser alors au combat pour sa dame. Il ne se laisse pas dominer par ses désirs charnels et doit conquérir le cœur de la femme aimée de noble manière. L'amant courtois est complètement soumis à sa dame, il doit mériter son amour en enchaînant toute une série d'épreuves chevaleresques (souvent imposées par la dame), faisant de lui un guerrier héroïque.

Cet idéal décrit dans la littérature courtoise est en réalité l'idéal des gens de cour et il représente un véritable modèle à suivre. D'ailleurs, le terme « courtois » est en rapport étroit avec les gens de cour puisqu'il signifie initialement « qui vient de la cour ». La courtoisie désigne alors une certaine manière de parler et d'agir qui prend en compte la présence des dames. Le rapport entre les sexes, et les rapports sociaux de façon générale, ont été véritablement révolutionnés avec l'amour courtois. La cour du XIIe siècle se détourne peu à peu des chansons de geste pour apprécier cet autre type de récit où la femme occupe une place bien plus importante. La cour imaginaire du roi Arthur dans les romans bretons ne dépeint pas le mode de vie des cours réelles, mais elle devient le modèle à suivre pour les cours réelles.

DANS LA MÊME COLLECTION
(par ordre alphabétique)

- **Anonyme**, *La Farce de Maître Pathelin*
- **Anouilh**, *Antigone*
- **Aragon**, *Aurélien*
- **Aragon**, *Le Paysan de Paris*
- **Austen**, *Raison et Sentiments*
- **Balzac**, *Illusions perdues*
- **Balzac**, *La Femme de trente ans*
- **Balzac**, *Le Colonel Chabert*
- **Balzac**, *Le Lys dans la vallée*
- **Balzac**, *Le Père Goriot*
- **Barbey d'Aurevilly**, *L'Ensorcelée*
- **Barbey d'Aurevilly**, *Les Diaboliques*
- **Bataille**, *Ma mère*
- **Baudelaire**, *Les Fleurs du Mal*
- **Baudelaire**, *Petits poèmes en prose*
- **Beaumarchais**, *Le Barbier de Séville*
- **Beaumarchais**, *Le Mariage de Figaro*
- **Beauvoir**, *Mémoires d'une jeune fille rangée*
- **Beckett**, *En attendant Godot*
- **Beckett**, *Fin de partie*
- **Brecht**, *La Noce*
- **Brecht**, *La Résistible ascension d'Arturo Ui*
- **Brecht**, *Mère Courage et ses enfants*
- **Breton**, *Nadja*
- **Brontë**, *Jane Eyre*
- **Camus**, *L'Étranger*
- **Carroll**, *Alice au pays des merveilles*
- **Céline**, *Mort à crédit*

- **Céline**, *Voyage au bout de la nuit*
- **Chateaubriand**, *Atala*
- **Chateaubriand**, *René*
- **Chrétien de Troyes**, *Yvain ou le Chevalier au lion*
- **Cocteau**, *La Machine infernale*
- **Cocteau**, *Les Enfants terribles*
- **Colette**, *Le Blé en herbe*
- **Corneille**, *Le Cid*
- **Crébillon fils**, *Les Égarements du cœur et de l'esprit*
- **Defoe**, *Robinson Crusoé*
- **Dickens**, *Oliver Twist*
- **Du Bellay**, *Les Regrets*
- **Dumas**, *Henri III et sa cour*
- **Duras**, *L'Amant*
- **Duras**, *La Pluie d'été*
- **Duras**, *Un barrage contre le Pacifique*
- **Flaubert**, *Bouvard et Pécuchet*
- **Flaubert**, *L'Éducation sentimentale*
- **Flaubert**, *Madame Bovary*
- **Flaubert**, *Salammbô*
- **Gary**, *La Vie devant soi*
- **Giraudoux**, *Électre*
- **Giraudoux**, *La Guerre de Troie n'aura pas lieu*
- **Gogol**, *Le Mariage*
- **Homère**, *L'Odyssée*
- **Hugo**, *Hernani*
- **Hugo**, *Les Misérables*
- **Hugo**, *Notre-Dame de Paris*
- **Huxley**, *Le Meilleur des mondes*
- **Jaccottet**, *À la lumière d'hiver*
- **James**, *Une vie à Londres*
- **Jarry**, *Ubu roi*
- **Kafka**, *La Métamorphose*

- **Kerouac**, *Sur la route*
- **Kessel**, *Le Lion*
- **La Fayette**, *La Princesse de Clèves*
- **Le Clézio**, *Mondo et autres histoires*
- **Levi**, *Si c'est un homme*
- **London**, *Croc-Blanc*
- **London**, *L'Appel de la forêt*
- **Maupassant**, *Boule de suif*
- **Maupassant**, *Le Horla*
- **Maupassant**, *Une vie*
- **Molière**, *Amphitryon*
- **Molière**, *Dom Juan*
- **Molière**, *L'Avare*
- **Molière**, *Le Malade imaginaire*
- **Molière**, *Le Tartuffe*
- **Molière**, *Les Fourberies de Scapin*
- **Musset**, *Les Caprices de Marianne*
- **Musset**, *Lorenzaccio*
- **Musset**, *On ne badine pas avec l'amour*
- **Perec**, *La Disparition*
- **Perec**, *Les Choses*
- **Perrault**, *Contes*
- **Prévert**, *Paroles*
- **Prévost**, *Manon Lescaut*
- **Proust**, *À l'ombre des jeunes filles en fleurs*
- **Proust**, *Albertine disparue*
- **Proust**, *Du côté de chez Swann*
- **Proust**, *Le Côté de Guermantes*
- **Proust**, *Le Temps retrouvé*
- **Proust**, *Sodome et Gomorrhe*
- **Proust**, *Un amour de Swann*
- **Queneau**, *Exercices de style*
- **Quignard**, *Tous les matins du monde*

- **Rabelais**, *Gargantua*
- **Rabelais**, *Pantagruel*
- **Racine**, *Andromaque*
- **Racine**, *Bérénice*
- **Racine**, *Britannicus*
- **Racine**, *Phèdre*
- **Renard**, *Poil de carotte*
- **Rimbaud**, *Une saison en enfer*
- **Sagan**, *Bonjour tristesse*
- **Saint-Exupéry**, *Le Petit Prince*
- **Sarraute**, *Enfance*
- **Sarraute**, *Tropismes*
- **Sartre**, *Huis clos*
- **Sartre**, *La Nausée*
- **Senghor**, *La Belle histoire de Leuk-le-lièvre*
- **Shakespeare**, *Roméo et Juliette*
- **Steinbeck**, *Les Raisins de la colère*
- **Stendhal**, *La Chartreuse de Parme*
- **Stendhal**, *Le Rouge et le Noir*
- **Verlaine**, *Romances sans paroles*
- **Verne**, *Une ville flottante*
- **Verne**, *Voyage au centre de la Terre*
- **Vian**, *J'irai cracher sur vos tombes*
- **Vian**, *L'Arrache-cœur*
- **Vian**, *L'Écume des jours*
- **Voltaire**, *Candide*
- **Voltaire**, *Micromégas*
- **Zola**, *Au Bonheur des Dames*
- **Zola**, *Germinal*
- **Zola**, *L'Argent*
- **Zola**, *L'Assommoir*
- **Zola**, *La Bête humaine*
- **Zola**, *Nana*